AF243140

Yth
2.57.36

Un beau Soir

COMÉDIE EN UN ACTE, EN VERS

Représentée pour la première fois, par la troupe du Théâtre-Libre

sur la scène des Menus-Plaisirs, le 30 novembre 1891

DU MÊME AUTEUR

ROMAN

Est-ce vivre ? 1 vol. in-18. . . . . 3 50

POÉSIE

Arc-en-ciel. 1 vol. in-18 . . . . 3 fr.
Effets de Théatre. 1 vol. in-18. . . . . 3 fr.
Parcs et Boudoirs. 1 vol. in-18 . . . . 3 fr.

———

MAURICE VAUCAIRE

Un beau Soir

COMÉDIE EN UN ACTE, EN VERS

Représentée pour la première fois, par la troupe du Théâtre-Libre

sur la scène des Menus-Plaisirs, le 30 novembre 1891

PARIS

ALPHONSE LEMERRE, ÉDITEUR

23-31, PASSAGE CHOISEUL, 23-31

M DCCC XCII

A

ANDRÉ ANTOINE

HORACE. . . . . MM. Antoine.

VIRGILE FLORÉAL. . . . . Grand.

CAMILLE. . . . . Mmes Sylviac.

MARGOT. . . . . Théven.

Un beau Soir

SCÈNE PREMIÈRE

HORACE, CAMILLE, *en costumes de campagne.*

HORACE, *étendu sur l'herbe.*

Puisque la journée est superbe,
Demeurons étendus sur l'herbe
Comme de paisibles rapins
Qui flânent dans le paysage.
Je serai muet et toi sage
Pour n'effrayer pas les lapins.

Nous sommes les amis des bêtes,
Il faut que par-dessus nos têtes
Un tas d'oiseaux viennent piailler,
Et que les cousins et les mouches
En volant autour de nos bouches
S'amusent de nous voir bâiller.

Je serai sombre et toi fâchée
Si quelque bande endimanchée
S'installe dans nos buissons verts.
Va, pour les en mettre à la porte,
D'une voix insolente et forte,
Nous leur dirons des vers, des vers !

CAMILLE, *assise au pied d'un arbre, tout près d'Horace.*
Tu leur diras des vers, mais plus à moi.

HORACE.
                                        Cher ange !
Je ne dirai des vers que si l'on nous dérange.

CAMILLE.
J'aime bien les vers, mais les vôtres je les sais
Par cœur.

HORACE.
        Auprès de vous je n'ai plus grand succès.
Triste ! Triste ! Jadis c'était une autre affaire,
Enfin. Tout passe.
                Il s'étire.
                        Ah ! qu'il est doux de ne rien faire.
La terre est molle et je vais dormir comme un loir.

CAMILLE.

Convenez que j'ai raison de vous en vouloir.

HORACE.

Pourquoi donc ?

CAMILLE.

Pourquoi donc ? Parce que je m'ennuie.
Vous êtes le désert, le néant et la pluie.
Parce que, parce que vos vers sont sans gaîté,
Sans clarté, qu'on n'y sent que la perplexité,
La fierté ridicule et l'âpreté du doute.
Moi qui me suis donnée avec espoir et toute,
Ma récompense est au bout d'un sonnet pervers
Où le lecteur gobeur après le dernier vers
Fait pour le renseigner sur l'état de votre âme
Pense, la larme à l'œil : Quelle est donc cette femme?
Alors qu'il devrait dire : Ah! doux Jésus, mon Dieu!
Pour mentir si crûment, quel est donc ce Monsieur?
Vous mentez, vous mentez, et je suis compromise
Par vos machines où votre aigreur m'a soumise
A des comparaisons qui n'ont rien de flatteur.
Il faut mettre : — Excusez les fautes de l'auteur, —
Si vous me haïssez, pour que la rime rime.

HORACE.

Il est bon de haïr une femme. Est-ce un crime
Quand on l'aime ? Non, c'est commode et c'est humain.

CAMILLE.

Vous vous rappelez trop qu'avant d'avoir ma main

A baiser, vous étiez l'amant d'une drôlesse,
Or, par votre injustice et par votre faiblesse
J'en subis aujourd'hui l'infâme contre-coup.
Vous souffrîtes jadis horriblement?

HORACE.

Beaucoup.

CAMILLE.

Je le savais. Aussi, toujours bonne et naïve,
Je suis venue, — et c'est bien fait ce qui m'arrive, —
Avec l'illusion d'assister au réveil
De votre cœur ainsi qu'au lever du soleil
Après toute une nuit de tonnerre et d'orage,
Et de penser : — Ce soleil-là, c'est mon ouvrage !
Et ça n'est pas, et ça me vexe. Tu saisis?

HORACE.

Je fais des petits vers avec mes grands soucis.

CAMILLE.

Vous n'avez pas un sou de soucis. De la pose !

HORACE.

Vous ne me comprendrez jamais?

CAMILLE.

La vie est rose.

HORACE.

La vie est noire.

CAMILLE.

Est rose.

HORACE.

Est noire.

CAMILLE.

C'est vraiment
Absurde d'avoir pris çet homme comme amant!

HORACE.

Cent fois merci.

CAMILLE, *se levant et marchant un peu.*

D'abord je suis femme du monde.

HORACE.

Fichtre!

CAMILLE.

Considérez, sans que ça vous confonde,
Que je vous fais beaucoup d'honneur, mon pauvre ami.
Vous qui quittez le quart de monde ou le demi,
Vous montez vite en grade. On ne le dirait guères.
Les doux poètes, vos délicieux confrères,
Se damneraient pour moins, les braves gens!

HORACE.

Hélas!

CAMILLE.

A peu de chose près, vous êtes mon Ruy Blas.

HORACE.

Je tomberais de haut si je n'étais par terre.

CAMILLE.

Je languis avec vous et chez moi l'on m'enterre.
Vous pouvez vous moquer et faire le lézard,
Moi veuve.

HORACE.

Quel détail !

CAMILLE.

Ne devant qu'au hasard
Mes rares plaisirs, si je veux être la muse
D'un poète, c'est pour qu'en échange il m'amuse
Un peu, rien qu'un petit peu, un tout petit peu.
Je suis triste.

HORACE.

Le ciel est gris.

CAMILLE.

Le ciel est bleu.

HORACE.

Est gris.

CAMILLE.

Est bleu, parbleu ! Tant pis les psychologues !

HORACE.

Je ne sais ni chansonnettes ni monologues,

Sans quoi j'eusse épousé déjà pour leur bonheur
La fille d'un banquier, la sœur d'un raffineur.

CAMILLE.

Quel honneur!

HORACE.

J'étais fait pour vivre à la Chartreuse.

CAMILLE.

Bon. Nous romprons demain. Je suis trop malheureuse.
Autant rester assise entre mes grands-parents
Et faire le bonheur de mes vieux soupirants...
Vengez-moi, je vous ai pris pour me faire rire,

En sanglotant.

Faites-moi rire!

HORACE.

Sais pas.

Il rêve.

Voir, penser, écrire.

Les yeux tournés vers le fond du décor.

Vois, le soleil incandescent
Derrière l'horizon descend;
L'horizon, c'est la ligne rouge.
La plaine s'étend loin, loin, loin,
Çà sent bon la terre et le foin,
Tout soupire; mais rien ne bouge.

Pour avoir le droit de parler
Il faudrait d'ailleurs s'en aller.
Ma foi, ce beau jour qui s'achève
Est admirable, tellement,
Que je ne saurais décemment
Rire ou sourire. Alors, je rêve.

CAMILLE.

C'est joli; puis c'est tout. Cueillons des fleurs, cueillons.

HORACE.

Vos mains cueillent des fleurs et mes yeux des rayons.

CAMILLE, *le secouant jusqu'à ce qu'il se relève.*

Hop! Levez-vous. Hop! nous reviendrons tout à l'heure.
C'est donc moi Jean qui rit et c'est vous Jean qui pleure.

Elle fait quelques pas.

Des insectes dorés effleurent les ruisseaux.

HORACE.

Des oiseaux?

CAMILLE.

Non, des fleurs.

HORACE.

Des fleurs?

CAMILLE.

Non, des oiseaux.

HORACE.

On confond les oiseaux et les fleurs.

CAMILLE, *gaie*.

Quel poème!

Ils sortent.

SCÈNE II

VIRGILE, MARGOT.

VIRGILE, *bruyant*.

Viens-tu, Margot, l'amour est enfant d'Angoulême!

MARGOT.

Assez de bruit. Ma tête éclate. Assez. Assez.
Un quart d'heure avec toi j'ai les tympans brisés...
Alors il faut toujours qu'on plaisante?

VIRGILE.

Elle est forte!
Si ça ne te plaît pas, la clef est sur la porte.

MARGOT.

Charmant! La clef des champs?

VIRGILE.

Elle-même. Bonsoir.
Pfff! A-t-on jamais vu cette façon de voir!
On ne peut plus blaguer, on est mélancolique?...

MARGOT.

Oui.

VIRGILE.

Bon! Comme ceci se passe en République,
Rendons-nous libres. Va là-bas, ailleurs, partout
Où tu puisses trouver un bonhomme à ton goût.
Zut! Amusez-vous bien si c'est là ton caprice!
Moi, comme on ne m'a pas changé chez ma nourrice,
Je veux demeurer tel que papa et maman
M'ont fabriqué le jour qu'ils s'aimèrent gaîment.
Ma petite, les temps mauvais viennent à l'heure,
Et c'est toujours trop tôt qu'on s'assomme ou qu'on pleure.
Bénis le ciel qui fit que tu me rencontras,
Car ton cœur m'a l'air d'être dans de mauvais draps.
Viens, n'usons pas un temps précieux à voir paître
Les papillons sur les fleurs. (Le garde champêtre
N'est ennuyeux que dans les chansons de Nadaud.)
Viens, et que nos deux voix montent en crescendo,
— Comme pour attester le ciel de notre joie, —
Jusqu'autour du soleil paternel qui rougeoie.
Viens, Margot! Sois contente et je serai content.
Personne n'est ici, donc personne n'entend,
Que l'écho, qui ne dit que ce qu'on lui fait dire;
Éternel perroquet dressé par un satyre,

Phonographe du pauvre. Écho, mon vieil Écho,
Répète le nom de ma maîtresse?...

Il appelle :

Margot !

L'Écho.

Margot !

VIRGILE.

Vois-tu ! Ton nom chevauche sur la route...
Et maintenant, assis ! Et cassons une croûte !
(Façon de parler, car je n'ai rien à casser.)
En scène ! La pastorale va commencer.

Ils prennent la place d'Horace et de Camille.

Puisque la journée est superbe,
Demeurons étendus sur l'herbe
Comme de paisibles rapins
Qui flânent dans le paysage.
Je serai muet et toi sage
Pour n'effrayer pas les lapins.

Nous sommes les amis des bêtes,
Il faut que par-dessus nos têtes
Un tas d'oiseaux viennent piailler,
Et que les cousins et les mouches
En volant autour de nos bouches
S'amusent de nous voir bâiller.

Je serai sombre et toi fâchée
Si quelque bande endimanchée

S'installe dans nos buissons verts.
Va, pour les en mettre à la porte,
D'une voix insolente et forte,
Nous leurs dirons des vers, des vers !

MARGOT.

Tant pis pour eux !

VIRGILE.

Dis donc ?

MARGOT.

         Ils manquent de névrose
Tes vers, mon cher, ils sont plus plats que de la prose
De feuilleton.

VIRGILE.

Ça n'est pas mon avis.

MARGOT.

          Quand on
Lit les deux premiers vers peints sur ton mirliton,
C'est identiquement...

VIRGILE.

Voyons ?

MARGOT.

        Je te l'assure...
Comme si tu chantais la première mesure
D'un couplet d'opérette, affreusement banal,
A quelques notes près, on prévoit le final.

VIRGILE.

Or, pour te plaire, il faut être incompréhensible ?
Symboliste ? Chinois ? Décadent ?

MARGOT.

Bien possible.

VIRGILE, *faisant mine de l'étrangler.*

Mais je vais te tuer, épouvantable enfant.
Ah ! tu veux un amant bizarre ? Plus souvent.
Ah ! tu veux qu'on écrive un poème imbécile
Sur l'éloquence de ton corps ferme et gracile ?
Facile. Ce sera là ta punition ;
Car tu n'en sauras jamais la traduction.

Avec emphase.

O Femme, triple archange ! ô sainte trinité !
Bonheur. Espoir. Folie. Ah ! ta croupe me plaît,
Dieu ! qu'elle me plaît ta croupe et ta beauté.
Sphinge. Sphinge. Au couvent ! Au couvent !
Moi, Toi, Toi, Moi. Non rien que nous, nous, nous.
L'arbre est grand qui veut bien nous couvrir du feuillage
Où l'on s'endormira pour l'éternel voyage.
Viens-tu ? Non, ne viens pas. Dans ton boudoir de fleurs,
Sèche tes pleurs, ma sœur, et nos malheurs. Compagne révulsive
Le principe du Mal a quitté ta splendeur.
Nous irons réchauffer les morts au cimetière...
J'ai du bon tabac dans ma tabatière.

Tâche de deviner maintenant ?

MARGOT.

J'ai compris.

Bravo !

VIRGILE.

Vois dans mes yeux l'horreur et le mépris
Que tu m'inspires.

MARGOT.

Je suis peu physionomiste...
Pour une fois que tes vers sont humains.

VIRGILE.

Fumiste !...

MARGOT.

On vient.

VIRGILE.

On vient ? Soyons logiques jusqu'au bout ;
Je leur dirai des vers pour te former le goût.

SCÈNE III

Les Mêmes, HORACE, CAMILLE. *Horace et Camille s'étendent comme tout à l'heure, mais au côté opposé. Ils n'aperçoivent ni Virgile ni Margot.*

VIRGILE.

Vive le brave mastroquet !
Qui t'admire et qui me révère,
Et qui nous paya plus d'un verre
Sous les vignes de son bosquet.

Vive le brave mastroquet !
A qui je ne puis chercher noise
Au moment de régler l'ardoise,
Puisqu'il te présente un bouquet.

Comme il méprise sa pratique
De balochards, lui, l'aristo,
Il m'aime pour mon paletot
De coupe caractéristique.

Las des rôdeuses en cheveux,
Son œil indiscret se repose
Sur ton chapeau, chef-d'œuvre rose
Qui semble résumer ses vœux.

Et cependant il nous jalouse
Malgré des protestations,
Dès qu'il nous voit sur la pelouse
De ses fortifications.

Parce que sa femme est vilaine,
Et qu'il le sent mieux près de toi,
Et qu'avec son gilet en laine
Il a l'air moins Anglais que moi.
Voilà pourquoi!

CAMILLE.

C'est le poète gai?

HORACE.

Lui-même.

CAMILLE, *à très haute voix.*

Encore! Encore!

HORACE.

Je répondrai par vingt-cinq vers dont je m'honore.

Sachant ta prochaine venue,
Le Bois a la tête à l'envers.
On dit qu'entre les arbres verts
Qui bordent la longue avenue,
Surgiront en grande tenue
Des fleurs de régiments divers.

Nul Pacha de Caramanie,
Nul Bonaparte, nul Régent,
Nulle Reine en manteau d'argent,

N'aura vu de cérémonie
Mieux commencée et mieux finie
Sous un ciel plus encourageant.

Pas d'ambassadeur, pas de pages,
De tambour derrière ou devant ;
Nous suivrons simplement le vent
Qui nous ouvrira des bocages
Où l'oiseau dédaigneux des cages
Chante au couchant comme au levant.

Rossignol, fauvette ou mésange
Sautilleront sur tes cheveux
Et te diront ce que je veux :
Que, sans participer de l'ange,
Ton âme n'a pas de mélange
Qui puisse inquiéter mes vœux...

Et les fleurs à tes yeux pareilles
Sur ton signe prendront leur vol
Et grimperont jusqu'à mon col
Comme elles grimpent dans les treilles,
Afin de m'emplir les oreilles
De tes vertus de dona Sol...

Et, pour finir toutes ces choses,
Nous nous éteindrons à côté
D'une trop grande quantité
     De roses !

MARGOT.

Une autre ! Une autre !

VIRGILE.

     As-tu fini, Margot ? Voilà

Des façons !

MARGOT.

C'est très chic. Hurrah!

VIRGILE.

Qui donc est là?

Horace, Virgile, se lèvent.

HORACE.

Monsieur.

VIRGILE.

Monsieur... Bonjour, mon vieux!

HORACE.

Bonjour, ma vieille!

Que c'est drôle!

VIRGILE.

Très drôle.

HORACE.

Arrivé de la veille.

VIRGILE.

Arrivé du matin.

HORACE.

Amoureux?

VIRGILE.

Amoureux?

HORACE.

Navré, Virgile; et toi?

VIRGILE.

Follement malheureux.

MARGOT, *à Camille. Elles se lèvent.*

Bonjour, madame !

HORACE.

Ah !

VIRGILE.

Ah !

CAMILLE.

Bonjour, mademoiselle !

MARGOT.

Me reconnaissez-vous, madame? je suis celle
Qui vous vend vos chapeaux chez madame Bercy.

VIRGILE.

Exquis.

HORACE.

Exquis.

CAMILLE.

Mais oui. Vous en vendez ici?

MARGOT.

Peut-être que c’est bien comme ça leur nature,
Les fleurs n’achètent pas de fleurs, même en peinture.
Non, madame, je viens sentimentalement
Errer dans Vaucresson avec mon fol amant.

HORACE, *à Virgile.*

Ma maîtresse, mon cher, n’est pas du tout mon type,
Je te jure. Demain matin, je m’émancipe.

CAMILLE, *à Margot.*

Et puisque le hasard nous loge au même endroit,
J’erre avec mon amant aussi, selon mon droit.

MARGOT.

Madame, il est charmant.

CAMILLE.

Merci.

VIRGILE, *à Horace.*

Moi, ma maîtresse
M’indiffère. Ce soir, j’oublierai son adresse.
Si nous nous présentions quand même, en attendant.

A Camille.

Virgile Floréal, un prénom épatant.
Virgile, c’est vraiment idiot.

CAMILLE, *en riant.*
Oui!

MARGOT, *à Horace.*

Vous?

HORACE.

Horace.

VIRGILE, *à Camille.*

Madame, permettez qu'on cherche une terrasse
Dans l'un des restaurants d'alentour, pour dîner,
Et souffrez que nous puissions vous abandonner
La moitié d'un quart d'heure.

CAMILLE.

Allez d'un pas agile.

VIRGILE.

Oui, c'est vraiment idiot de s'appeler Virgile!
Madame...

A Horace.

Viens!

HORACE, *à Margot.*

Madame...

Horace et Virgile sortent.

SCÈNE IV

CAMILLE, MARGOT.

CAMILLE.

Il est gai, votre ami.

MARGOT.

Un peu trop.

CAMILLE.

Jamais trop. Horace est endormi...

MARGOT.

La gaîté ne convient pas à mon caractère.

CAMILLE.

Horace a toujours l'air de se porter en terre.

MARGOT.

Alors?

CAMILLE.

Alors?

MARGOT.

Alors, voulez-vous, mon amant?

CAMILLE.

Mais c’est vous qui parlez d’Horace effrontément.

MARGOT.

Moi je dis que Virgile est bruyant et qu’il lasse.

CAMILLE.

Moi qu’Horace est plus froid que son pesant de glace.

MARGOT.

Brrr! Vous bêchez le vôtre et vous louez le mien.

CAMILLE.

Vous maltraitez Virgile et vous dites du bien
D’Horace.

MARGOT.

Eh bien! Changeons d’amant!

CAMILLE.

Le sacrifice

Est notre lot.

MARGOT.

On peut bien se rendre service.

CAMILLE.

Si les femmes n’avaient pas entre elles l’esprit
De corps.

MARGOT, *lui tendant la main.*

Conclu?

CAMILLE, *même jeu.*

Ma parole vaut un écrit.

MARGOT.

Maintenant, nous pouvons être franches?...

CAMILLE.

Horace
Est très bon.

MARGOT.

Croyez bien que Virgile est de race,
Et qu'il a du talent.

CAMILLE, *éclatant de rire.*

Ils en ont tous les deux!

MARGOT. *Poignée de mains.*

Félicitations!

CAMILLE. *Idem.*

Compliments!

MARGOT.

Ce sont eux.

SCÈNE V

HORACE, VIRGILE, CAMILLE, MARGOT.

VIRGILE.

Un coin superbe, on est entouré de broussailles;
Mais debout sur la table on aperçoit Versailles.
Après un éloquent repas
Nous prendrons bien garde aux faux pas
Dans le chemin rempli d'ornières.
Mais s'il nous plut d'être un peu gris,
Ce soir, en regagnant Paris,
Vous verrez nos belles manières !

HORACE.

Chers amis, nous viendrons ce soir
Dans cette plaine nous asseoir
Comme de graves astronomes,
Afin de guetter avec soin
L'été qui revient de si loin
En vieux curieux que nous sommes.

VIRGILE.

Rien que pour cueillir les premiers
Les premières fleurs de pommiers

Dont il va vendre les pétales
Aux inquiétants parfumeurs,
Rien que pour goûter aux primeurs
Avant qu'on les apporte aux Halles.

A Camille. Il lui prend le bras.

En route! J'ai formé l'admirable projet
De vous faire une cour terrible.

CAMILLE.

J'y songeai...

Ils sortent lentement.

SCÈNE VI

HORACE, MARGOT.

HORACE, *a pris également le bras de Margot. On entend
tinter l'angelus, au loin. Ils s'arrêtent.*

L'heure de l'Angelus. Entendez-vous la cloche?

MARGOT, *dans l'extase.*

Oui!

L'angelus tinte...

HORACE.

Vous comprenez, vous?

Ils font quelques pas.

MARGOT.

Si nous tournions à gauche?

Achevé d'imprimer

le dix-huit février mil huit cent quatre-vingt-douze

PAR

ALPHONSE LEMERRE

25, RUE DES GRANDS-AUGUSTINS, 25

A PARIS

4. - 1565.

POÈTES CONTEMPORAINS

Volumes in-18 jésus, imprimés en caractères antiques sur beau papier vélin. Chaque volume : 3 francs.

Paris. — Imp. A. LEMERRE, 25, rue des Grands-Augustins. — 4 - 1565.